せんに まるを かきましょう。

せんとせんの あいだに まるを かきましょう。

5せんに まるを かきましょう。

トおんきごう

おんぷを よむときに つけるきごうです

ただしい トおんきごうは どれかな？
ばんごうを ○でかこみましょう。

1　　　　　　　　　　2

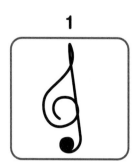 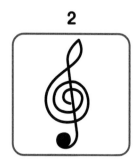

3　　　　　4　　　　　5

 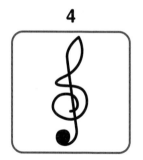 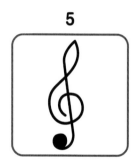

てんせんをなぞって　トおんきごうを　かきましょう。

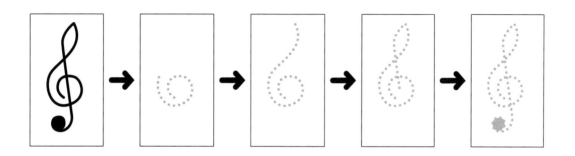

きごうのなまえを　たどっていきましょう。

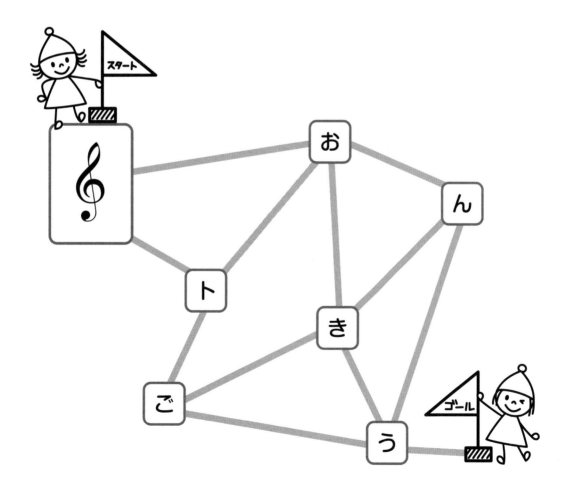

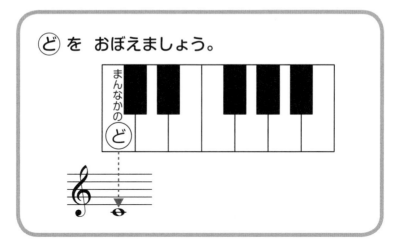

ただしい ど は どれかな？
ばんごうを ◯でかこみましょう。

1
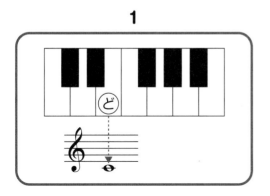

2
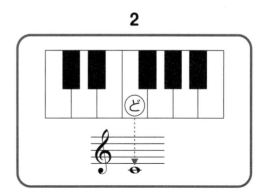

3
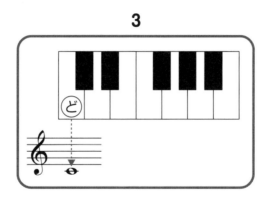

めいろをたどって ど のおとを ぬっていきましょう。

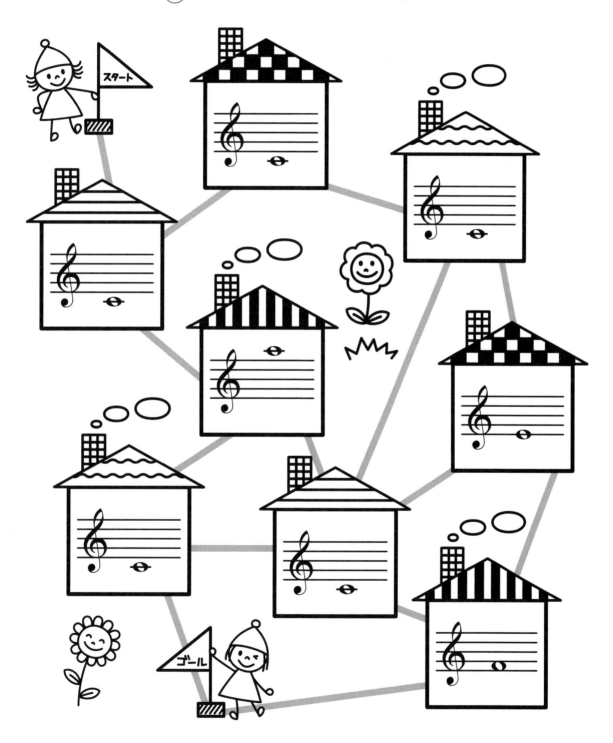

おんぷと けんばんを せんでむすびましょう。

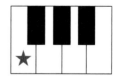

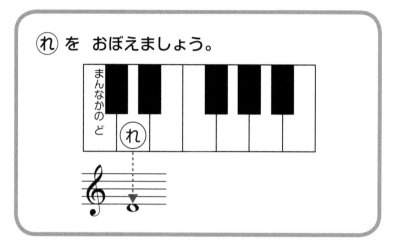

ただしい ㋹ は どれかな？
ばんごうを ◯でかこみましょう。

1
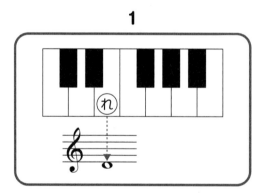

2
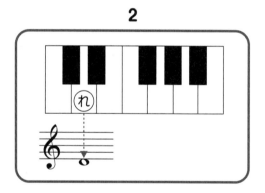

3
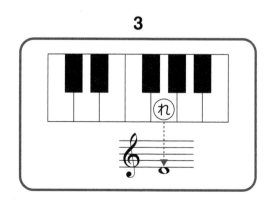

めいろをたどって れ のおとを ぬっていきましょう。

おんぷと けんばんを せんでむすびましょう。

プリント⑩ 月 日

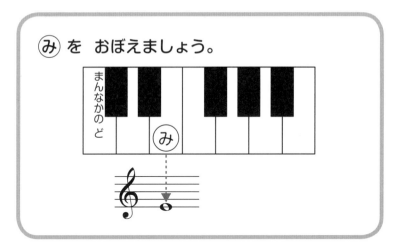

み を おぼえましょう。

ただしい み は どれかな？
ばんごうを ◯でかこみましょう。

1
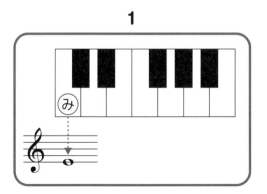

2
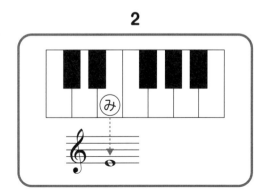

3
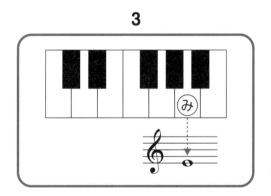

めいろをたどって ㋯ のおとを ぬっていきましょう。

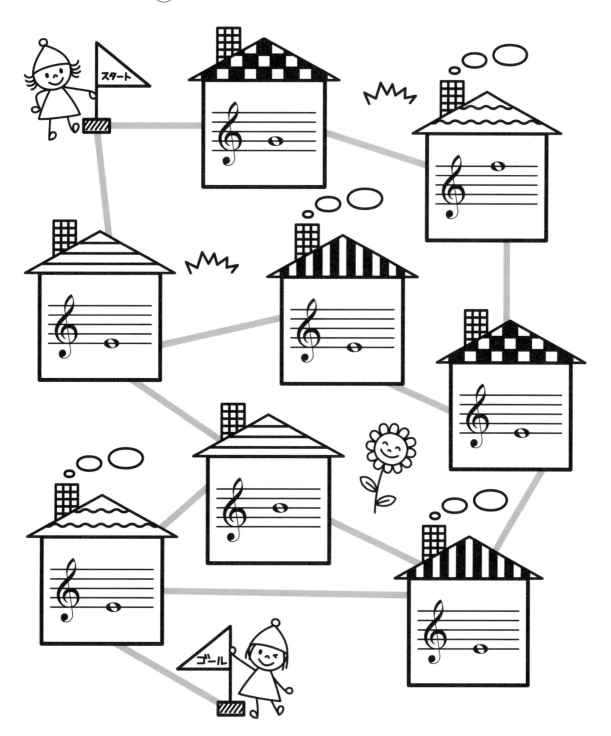

おんぷと けんばんを せんでむすびましょう。

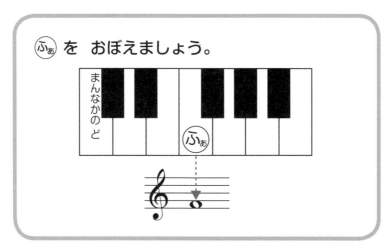

ただしい ふぁ は どれかな？
ばんごうを ◯でかこみましょう。

1
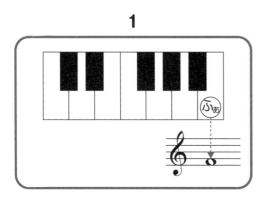

2
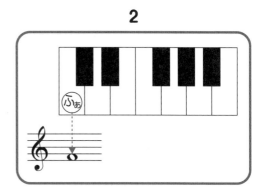

3
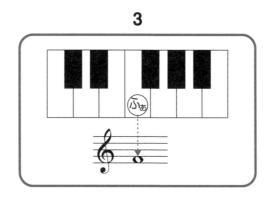

めいろをたどって ふぁ のおとを ぬっていきましょう。

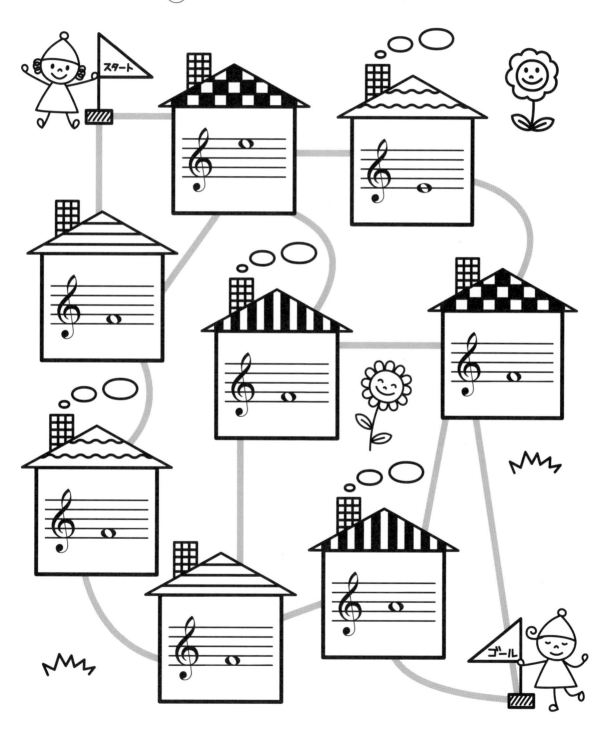

おんぷと けんばんを せんでむすびましょう。

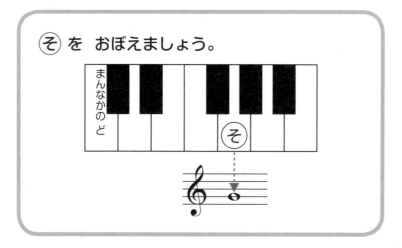

ただしい そ は どれかな？
ばんごうを ◯でかこみましょう。

1
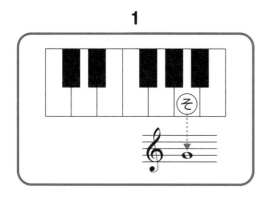

2
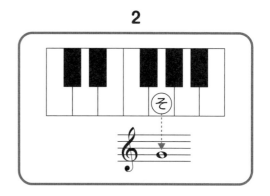

3
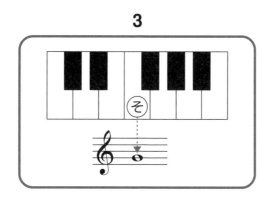

めいろをたどって そ のおとを ぬっていきましょう。

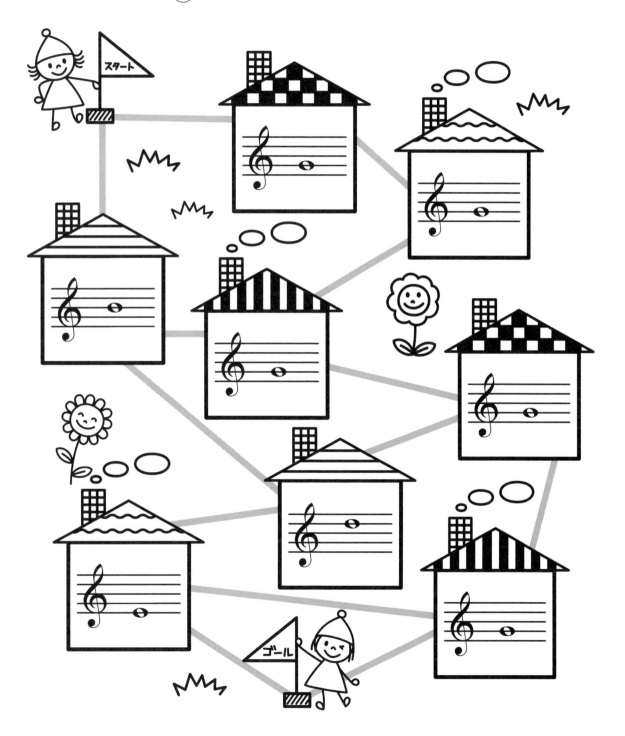

おんぷと けんばんを せんでむすびましょう。

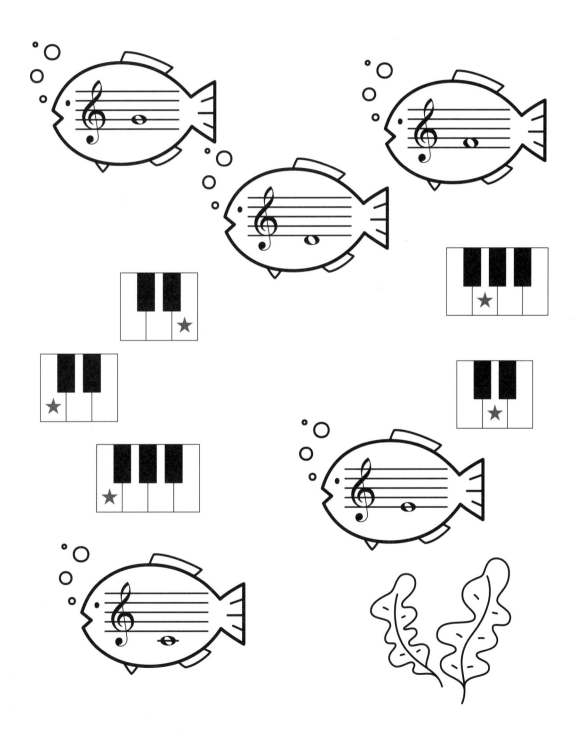

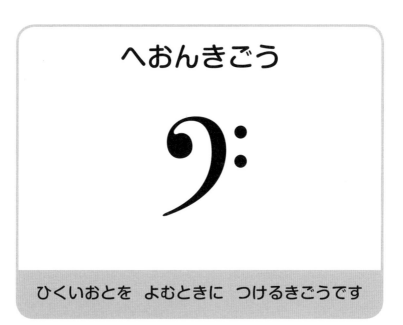

ただしい へおんきごうは どれかな？
ばんごうを ○でかこみましょう。

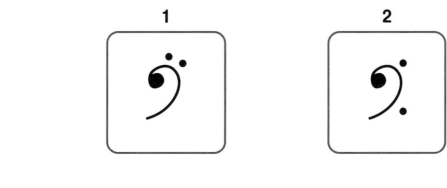

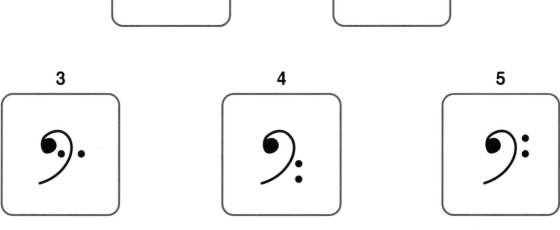

てんせんをなぞって へおんきごうを かきましょう。

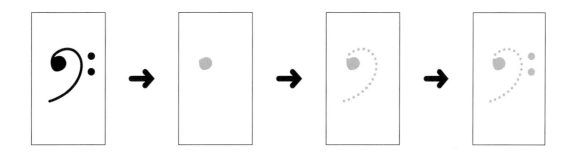

きごうのなまえを たどっていきましょう。

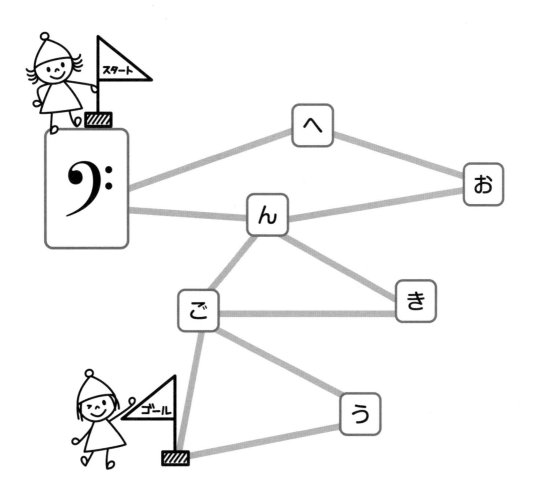

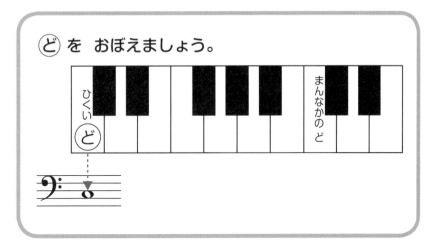

ただしい ど は どれかな？
ばんごうを ◯でかこみましょう。

1
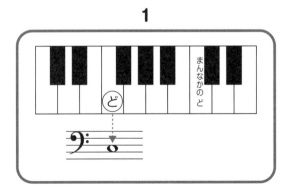

2
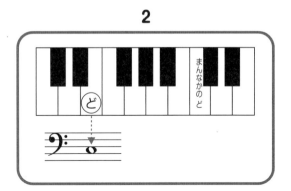

3
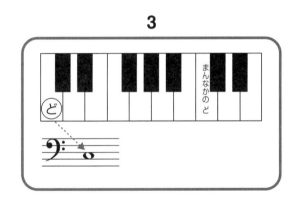

めいろをたどって ど のおとを ぬっていきましょう。

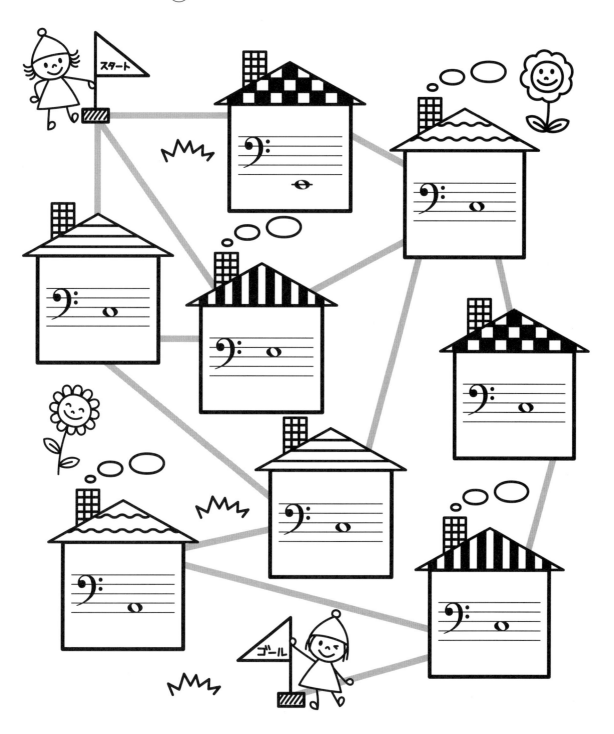

おんぷと けんばんを せんでむすびましょう。

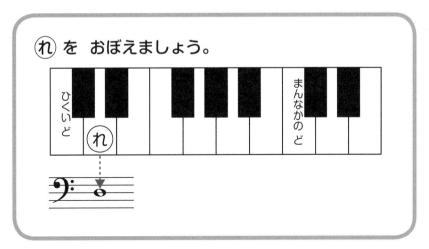

ただしい れ は どれかな?
ばんごうを ◯でかこみましょう。

1
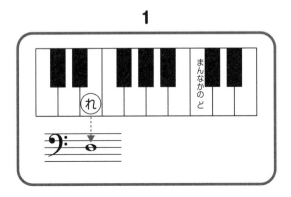

2
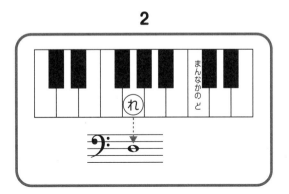

3
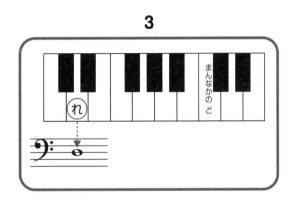

めいろをたどって ㋹ のおとを ぬっていきましょう。

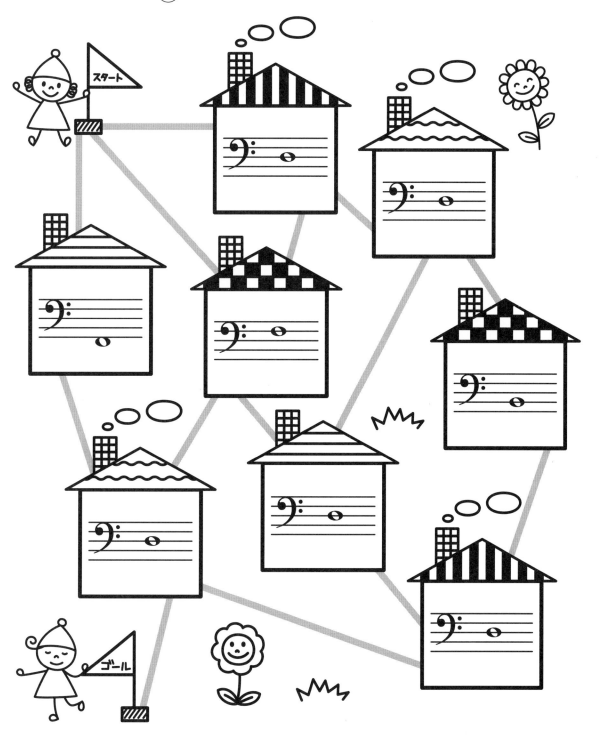

おんぷと けんばんを せんでむすびましょう。

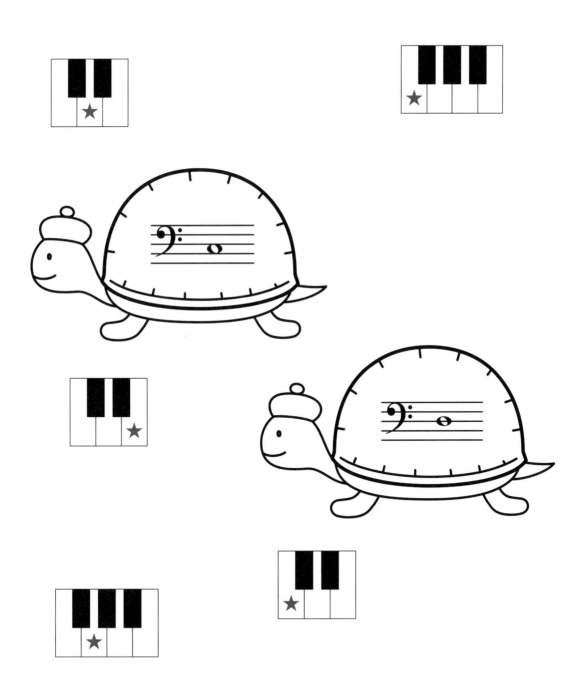

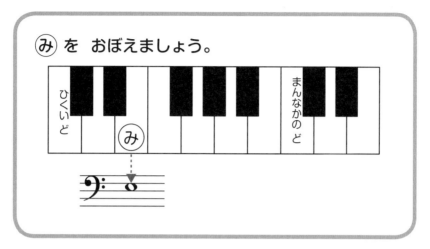

ただしい み は どれかな？
ばんごうを ◯でかこみましょう。

1
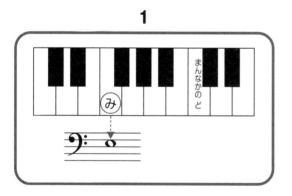

2
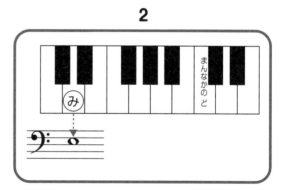

3
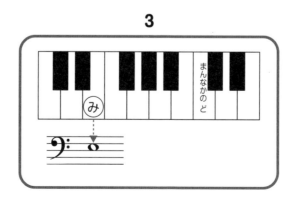

めいろをたどって ㋯ のおとを ぬっていきましょう。

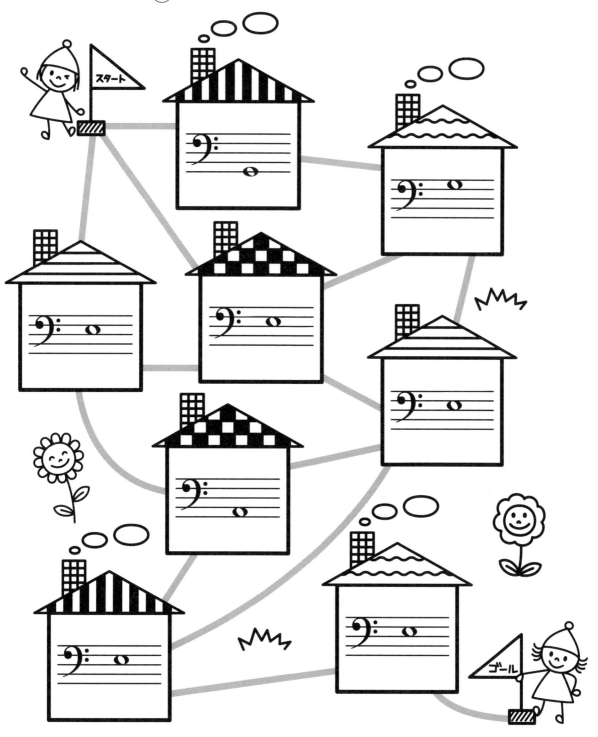

おんぷと けんばんを せんでむすびましょう。

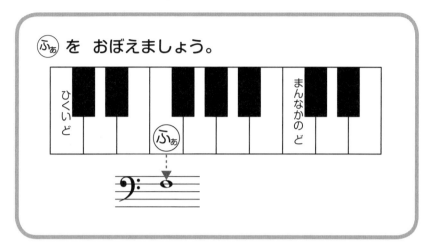

ただしい ふぁ は どれかな？
ばんごうを ◯でかこみましょう。

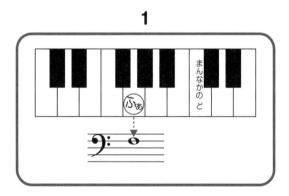

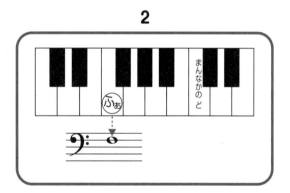

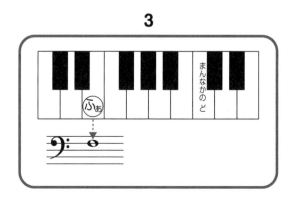

めいろをたどって ふぁ のおとを ぬっていきましょう。

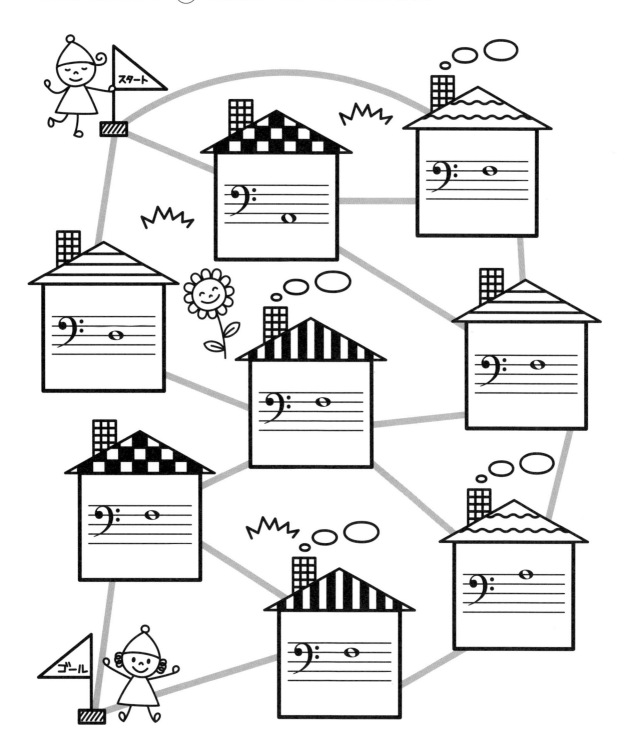

おんぷと けんばんを せんでむすびましょう。

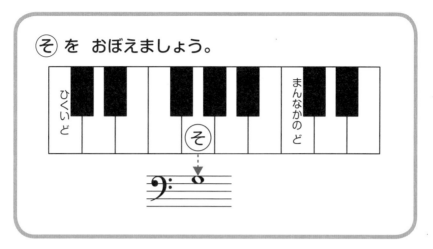

ただしい そ は どれかな？
ばんごうを ◯でかこみましょう。

1
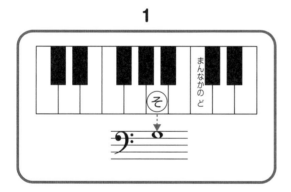

2
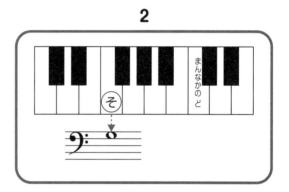

3
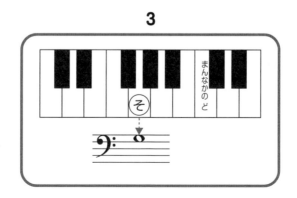

めいろをたどって そ のおとを ぬっていきましょう。

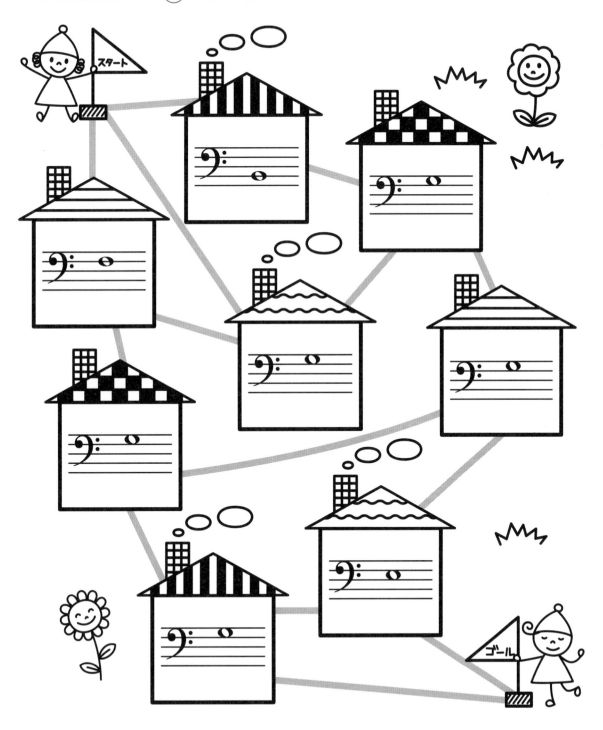

おんぷと けんばんを せんでむすびましょう。

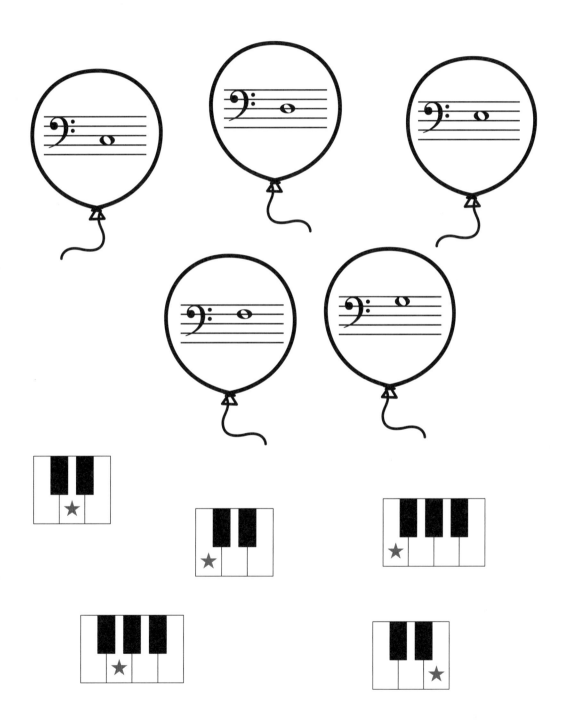

4ぶおんぷ

♩ ＝ 1 ぱく

1ぱくは 1つぶんの ながさです。

ただしい 4ぶおんぷは どれかな？
ばんごうを ○でかこみましょう。

1
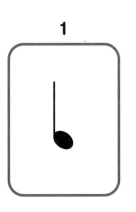

2
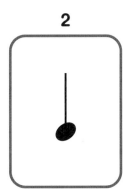

3
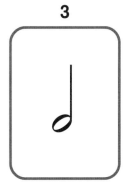

4

5

4ぶおんぷの めいろを たどっていきましょう。

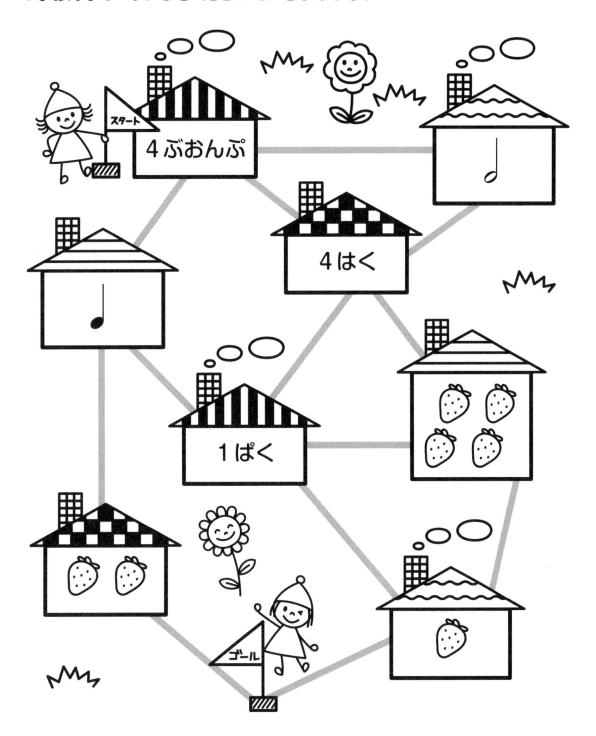

プリント 38

2ぶおんぷ

♩ = 2はく

2はくは　2つぶんのばした　ながさです。

ただしい　2ぶおんぷは　どれかな？
ばんごうを　○でかこみましょう。

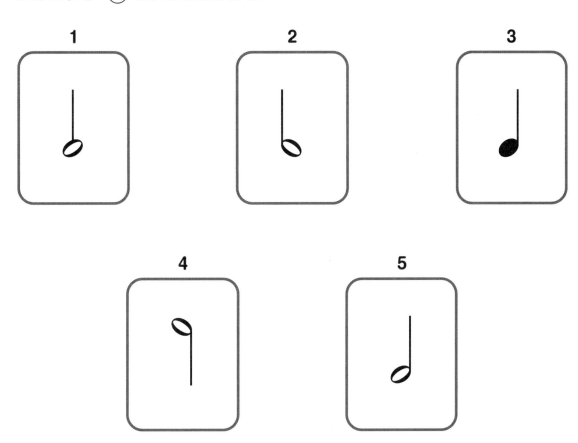

2ぶおんぷの めいろを たどっていきましょう。

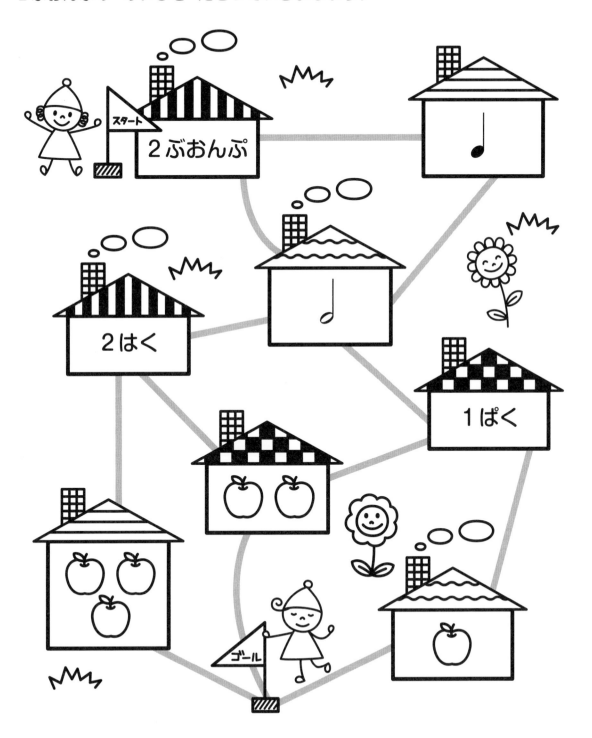

ふてん2ぶおんぷ

$\text{♩.} = 3はく$

3はくは 3つぶんのばした ながさです。

ただしい ふてん2ぶおんぷは どれかな?
ばんごうを ◯でかこみましょう。

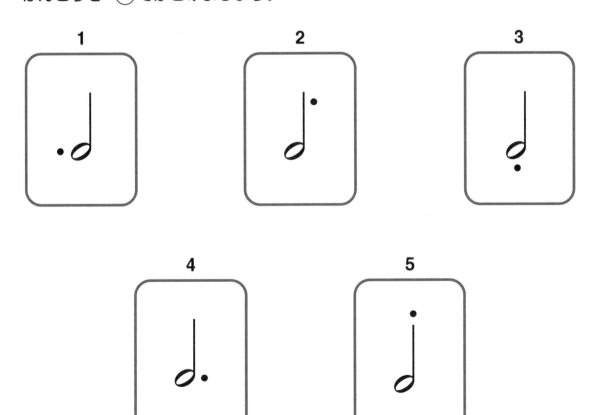

ふてん2ぶおんぷの めいろを たどっていきましょう。

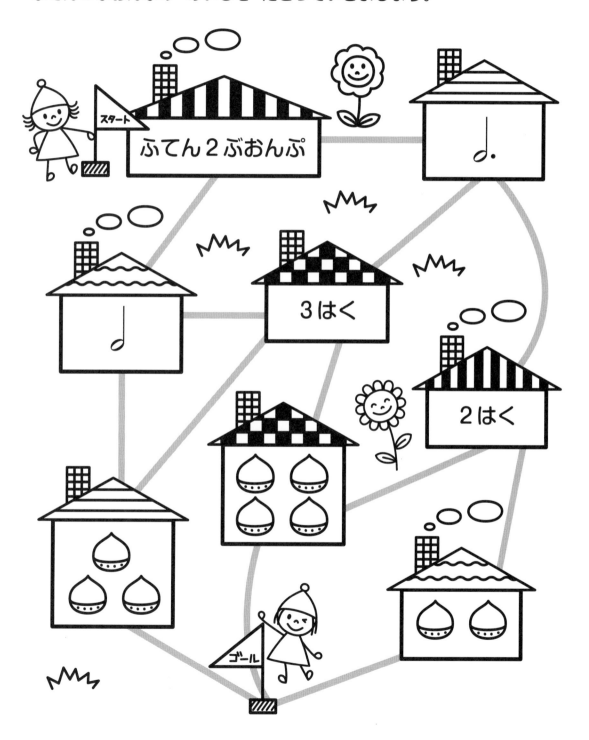

プリコト 42

月 日

ぜんおんぷ
$\mathbf{o} = 4はく$

4はくは　4つぶんのばした　ながさです。

ただしい　ぜんおんぷは　どれかな？
ばんごうを　◯でかこみましょう。

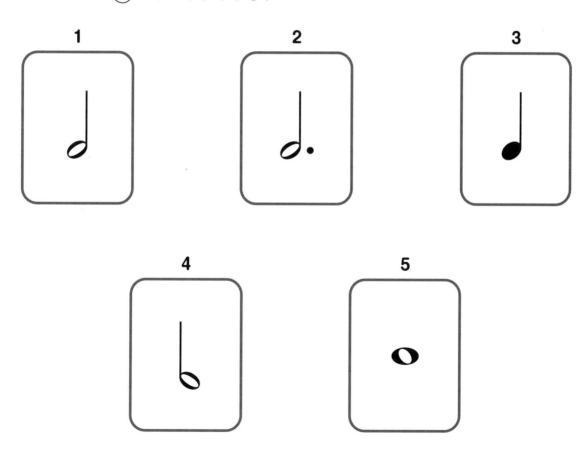

ふてん2ぶおんぷの めいろを たどっていきましょう。

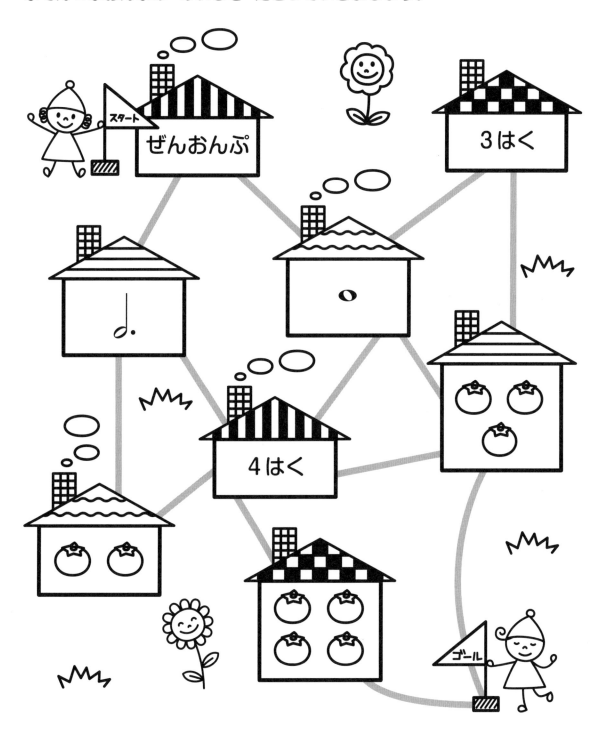

おんぷのながさと おなじかずのみかんを せんでむすびましょう。

おんぷを なぞりましょう。
おんぷのながさと おなじかずだけ はちみつをぬりましょう。

解答 プリント1〜9

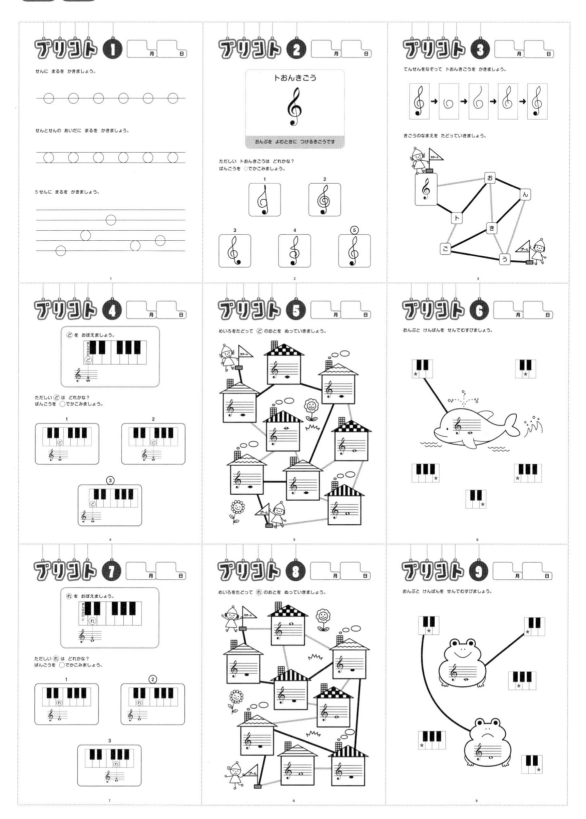

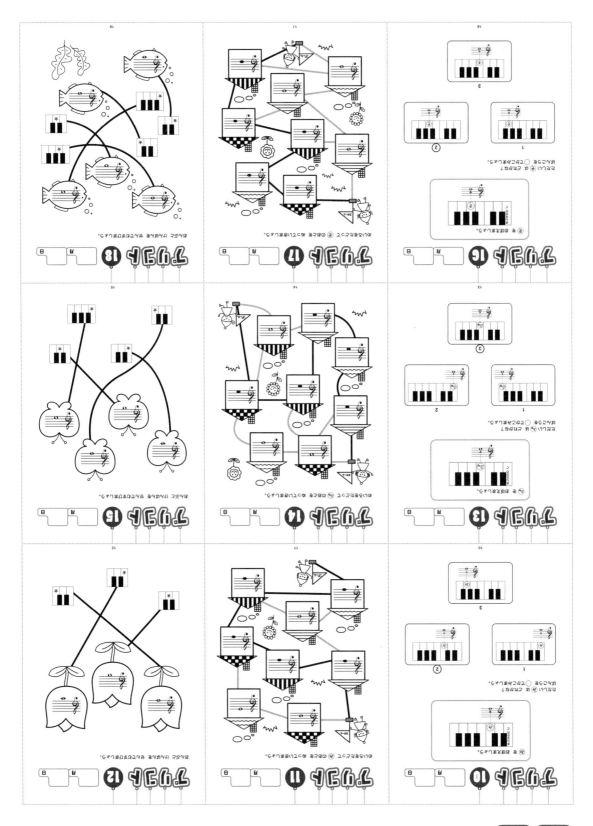

解答 プリント 19〜27

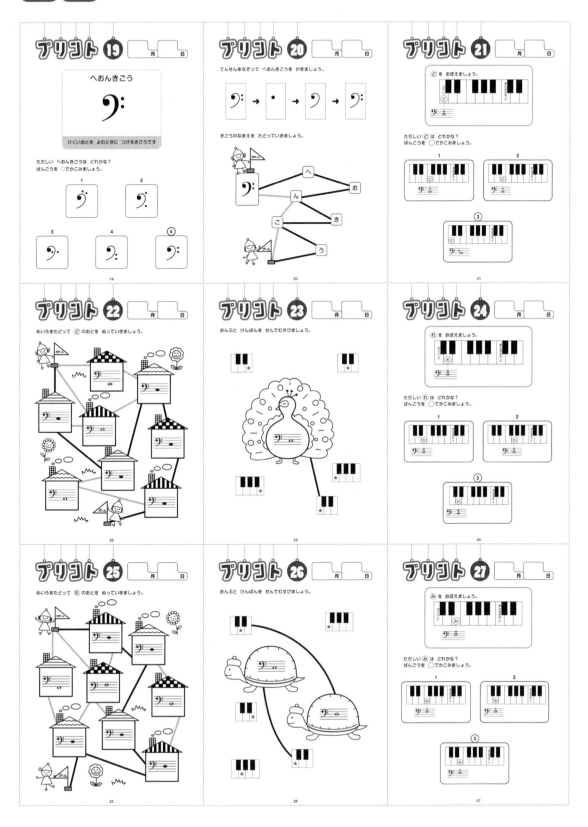

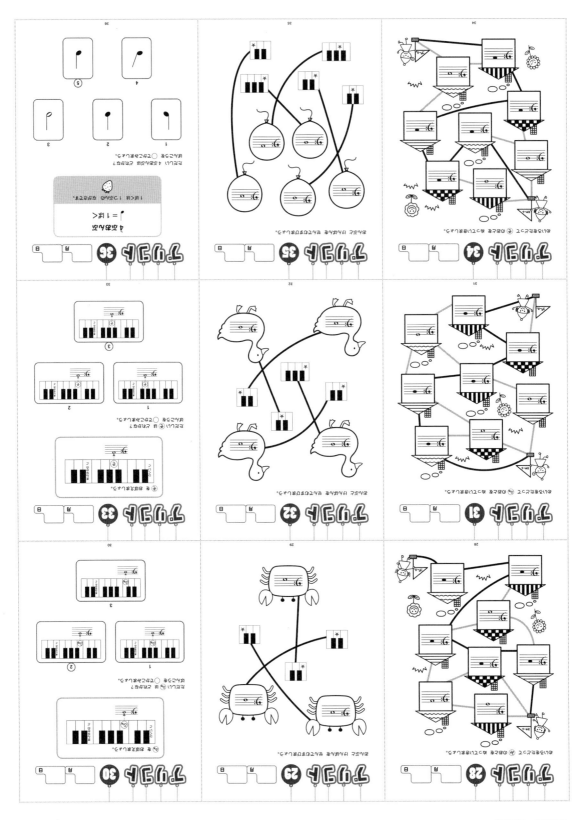

解答 プリント 37～45

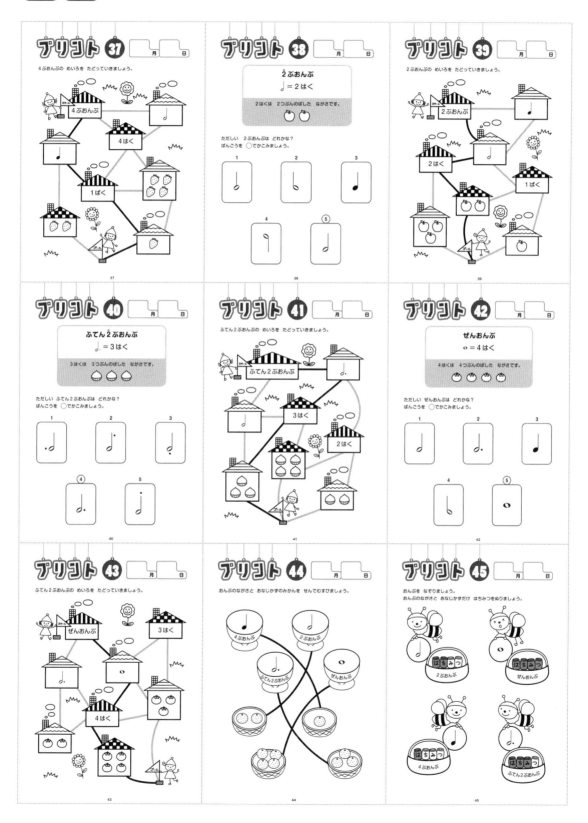

賞 状

_____ さん

あなたは、

「毎日のプリント はじめてのあんざん」を

終わりまでよく勉強しました。

ここに、賞 3 したことを証明いたします。

　　年　　月　　日

教室名_____

指導者名_____